글

역사는 큰별쌤 최태성 | 큰별쌤 최태성 선생님은 한국사를 가르칠 때면 슈퍼 파워를 내뿜는 열정적인 대한민국 1등 한국사 선생님입니다. 우리가 역사를 왜 배워야 하는지, 역사 속 사람들과 어떻게 대화하고 소통해야 하는지를 알려주시죠. 큰별쌤과 함께라면 역사는 더 이상 지루하고 어려운 과목이 아니랍니다. 역사를 웃음과 감동이 넘치는 재미있는 이야기로 만드시는 능력이 있으시거든요. 큰별쌤은 어린이부터 어른까지 한국사를 공부하고 싶은 사람 모두를 돕고 싶다는 마음으로 모두의 별별 한국사 연구소장이 되셨어요. 그리고 EBS와 모두의 별별 한국사 사이트, 유튜브 채널 최태성 1TV와 2TV에서 한국사 무료강의를 선보이고 있죠. TV와 라디오 등 방송을 통해서는 남녀노소 모두를 위한 역사 교양을 살뜰히 챙겨주시며 대중과 소통하고 있습니다.

윤소연 | 어릴 때부터 글을 쓰는 사람이 되고 싶어 방송국에서 구성작가로 일했습니다. EBS 어린이 범죄예방 드라마 '포돌이와 어린이 수사대', 한·중 합작 어린이 종합 구성물인 '렌과 쥴리의 찌무찌무 탐험대'를 썼고요. 지은 책으로는 『네 맘대로는 이제 그만』, 『갯벌아 미안해』, 『나는 다섯살, 소망반 선생님입니다』가 있습니다. 글 쓰는 즐거움에 행복한 나날을 보내고 있습니다.

그림

똥작가 신동민 | 대학에서 만화와 시각 디자인을 공부해서가 아니라 타고난 재치와 천재적인 예술적 감각으로 재미터지는 그림만을 선보여주시는 그림 쟁이. 쓰고 그린 책으로는 『똥까페』, 그린 책으로는 『최진기의 경제상식 오늘부터 1일』, 『용어사회 600』 등 무수한 작품을 배출하였습니다.

감수

모두의 별별 한국사 연구소 | 큰별쌤 최태성 선생님과 역사를 전공한 선생님들이 함께 우리 모두를 위한 별의 별 한국사를 연구하는 곳입니다. 어린이부터 성인까지 재미있고 즐겁게 공부할 수 있는 역사 콘텐츠를 만들기 위해 모두의 별별 한국사 연구소의 불은 밤늦게까지 환하게 빛나고 있습니다.

큰★별쌤과 못말리는 한국사 수호대 7

우리 아이 첫 놀이 한국사

미션: 조선의 출발을 방해하는 번개도둑을 쫓아랏

등장인물

 영상으로 만나는 한국사 수호대

강산

호기심 많은 꼬마탐정

취미 ★ 탐정놀이
특기 ★ 메모하기
아끼는 보물 1호 ★ 탐정수첩

사건의 실마리가 될 만한 사소한 일도 모두 탐정수첩에 적는다.
관찰력이 뛰어나 주위를 잘 살핀다.

머리에 책이 들어있는 듯 똑똑한 명랑 소녀

취미 ★ 책읽기
특기 ★ 궁금한 거 질문하기
아끼는 보물 1호 ★ 만능시계

궁금한 건 절대 못 참는 성격 탓에 역사를 지키고 번개도둑도 잡기 위한 시간 여행을 떠나게 된다.

바다

마음이 따뜻한 역사 선생님

취미★ 배부르게 먹기
아끼는 보물 1호★ 이 땅의 모든 아이들

듬직한 성격과 체력으로 침착하게 강산, 바다, 핑이를 보호한다.

큰★별쌤

덩치는 작지만 용감한 강아지

취미★ 킁킁대기, 먹기
특기★ 달리기, 점프하기, 왈왈 짖어대기
아끼는 보물 1호★ 맛있는 간식

"쾅" 하는 큰 소리를 무서워한다. 번개도둑 냄새에 민감하다.

핑이

번개도둑

보물을 훔쳐 역사를 바꾸는 악당

취미★ 도둑질
특기★ 숨기, 약 올리기
지금 아끼는 보물 1호★ 훈민정음, 거북선

변덕스러워서 갖고 싶은 보물이 자주 바뀜

번개가 치면 주문을 외우고 순간 이동을 한다. 온몸을 꽁꽁 싸매 정확한 생김새를 아무도 모른다.

지난 이야기

어느 날, 강산이는 2층 다락방에서 무전기를 발견했어요. 무전기에서는 번개도둑들의 대화가 흘러나오고 있었어요.

강산이에게 번개도둑 이야기를 들은 큰별쌤은 깜짝 놀랐어요.
"번개도둑은 보물을 훔쳐 역사를 망가뜨리는 악당이야. 온몸을 꽁꽁 싸매고 있지."

✨얄라방방 얄라봉봉 잠긴 시간의 문아, 번개의 힘으로 열려라 번쩍번쩍!✨
번개도둑이 주문을 외우자 시간의 문이 열렸어요.

번개도둑을 따라 시간의 문으로 들어간 한국사 수호대! 번개도둑으로부터 보물을 지켜 낼 수 있을까요?

문 안의 세계는 지금으로부터 아주 먼 옛날, 고려로 이어져 있어요.

서희를 만난 한국사 수호대는 몽골이 침입해 온 시기로 순간이동을 하였어요. 번개도둑은 김윤후의 활을 훔쳤지요.

당황한 김윤후에게 강산이는 통일 신라에서 얻은 활을 건네주었어요. 김윤후가 쏜 화살은 몽골 장수 살리타의 가슴을 정확하게 맞혔지요.

김윤후와 큰별쌤의 대화를 엿들은 번개도둑은 무언가 작정한 듯 재빨리 주문을 외우고 사라졌어요.

강화도의 어느 절로 간 번개도둑은 팔만대장경을 만드는 데 필요한 도구들을 훔쳐 팔만대장경이 만들어지는 걸 방해했어요.

한국사 수호대가 번개도둑이 숨긴 도구들을 모두 찾아내자, '뚝딱뚝딱' 팔만대장경이 다시 만들어지기 시작했어요. 실망한 번개도둑은 시간의 문으로 도망쳤어요.

한국사 수호대는 고려의 역사를 뒤죽박죽 섞으려는 번개도둑을 막기 위해 고군분투하였어요. 고려의 역사를 지켜낸 덕분에 방패를 얻을 수 있었지요. 방패는 이번 여행지인 조선에서 한국사 수호대를 도와줄 물건이랍니다.

번개도둑 몽타주 완성하기

번개도둑, 딱 걸렸어! 진짜 번개도둑의 모습은 어떨까요?

 힌트
1. 붉은 갈색의 뽀글뽀글 엉켜 있는 파마머리
2. 짧고 통통한 손가락, 북슬북슬 털이 많은 손등
3. 날카롭게 찢어진 눈, 눈 밑에 있는 큰 점
4. 발목에 새겨진 번개 모양 문신
5. 광대 주위에 있는 까만 주근깨
6. 손목에 차고 있던 검은색 팔찌

1번

2번

3번

4번

살랑 바람이 불어오는 어느 날, 한국사 수호대는 북악산에 올랐어요.

강산이가 바닥에 풀썩 주저앉자 큰별쌤이 말했어요.

"힘내! 거의 다 올라왔어. 저기 아래를 한번 보렴."

산 아래를 내려다본 바다와 강산이의 눈이 휘둥그레졌어요.

푸른 하늘 아래 웅장하고 화려한 *궁궐의 모습이 몹시 아름다웠거든요.

"저 궁궐이 바로 경복궁이란다."

"이렇게 아름다운 궁궐은 언제 만들어졌나요?"

강산이가 큰별쌤에게 물었어요.

> *궁궐: 왕이 생활하며 신하들과 나랏일을 결정하는 곳이에요.

"경복궁은 조선의 첫 번째 궁궐이란다.
이성계가 조선을 세우고 수도 한양에 새로 만든 왕궁이지."
큰별쌤의 이야기에 궁궐을 바라보던 바다가 말을 보탰어요.
"경복궁이란 이름이 잘 어울리는 것 같아요."
"큰별쌤, 경복궁이 무슨 뜻인가요?
 제게는 좀 어려운 단어라서요."
강산이의 말에 큰별쌤이 에헴 목소리를 가다듬으며 말했어요.
"이성계는 새 수도와 새 궁궐을 짓는 책임자로 정…."

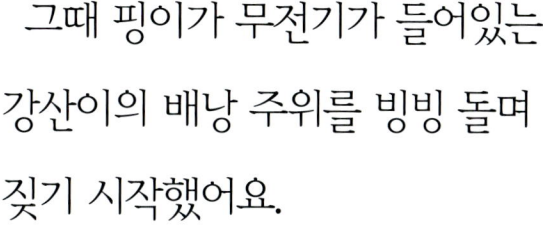

"왈! 왈! 왈!"

그때 핑이가 무전기가 들어있는 강산이의 배낭 주위를 빙빙 돌며 짖기 시작했어요.

그 순간 갑자기 하늘이 어두워지더니 우르르 쾅쾅!

경복궁 지붕 위로 번개가 내리쳤어요.

"번개도둑이 조선 시대로 왔나 보구나. 우리도 서두르자~!"

✨얄라방방 얄라봉봉 잠긴 시간의 문아, 번개의 힘으로 열려라 번쩍번쩍!✨

큰별쌤이 주문을 외치자 바위에 시간의 문이 만들어졌어요.

핑이를 품에 안은 바다와 강산이는 두 손을 꼭 잡은 채,

큰별쌤을 따라 시간의 문으로 **우다닥**≈ 뛰어들었어요.

이성계, 위화도에서 군대를 돌리다

"우리가 조선이 아니라 고려로 온 것 같구나."

큰별쌤이 바다와 강산이에게 눈을 찡긋하며 신호를 보냈어요.

이성계는 깊은 고민에 빠져 잠을 이루지 못했어요.

* 명: 1368년 원을 북쪽으로 몰아내고 중국 땅에 세워진 통일 왕조예요.

귀족들의 괴롭힘이 심해져 백성들은 점점 살기가 어려운데…

자칫 전쟁이라도 하게 된다면…

휴… 고려의 앞날에 희망은 있는 걸까.

*명나라가 공민왕 때 되찾은 땅을 내놓으라 하니 이를 어찌하면 좋은가. (우왕)

명나라의 요동 땅을 먼저 공격해 고려의 힘을 보여 줘야 합니다. (최영)

명나라와 전쟁을 하면 백성들이 힘들어질 것입니다. (이성계)

나의 선택은…

고민 끝에 이성계는 고려의 우왕에게 4불가론을 올렸어요.

이성계의 4불가론
하나. 작은 나라가 큰 나라를 거스르는 것은 불가합니다.
둘. 여름에 군사를 동원하는 것은 옳지 않습니다.
셋. 요동을 공격하는 틈을 타 왜구가 쳐들어올 수 있습니다.
넷. 장마철이라 활시위가 늘어나고, 전염병이 돌 수 있습니다.

하지만 우왕은 이성계와 달리 요동을 공격해 고려가 결코 호락호락하지 않다는 걸 보여줘야 한다고 생각했어요.

우왕의 명령에 마지못해 요동을 향해 나아가던 이성계는 아무래도 명나라와 전쟁을 치르게 되면 고려가 큰 피해를 입을 것이라는 생각을 지울 수 없었어요.

압록강 가운데 위화도라는 섬에 도착한 이성계는 *진군을 멈추고 *회군을 결정하였지요.

* 진군 : 적을 공격하기 위해 군대가 나아간다는 뜻이에요.
* 회군 : 군사를 돌이켜 돌아가거나 돌아온다는 뜻이에요.

새 나라 조선이 세워지다

위화도에서 군대를 돌려 개경으로 돌아온 이성계는 권력을 잡은 후 새 나라를 세울 준비를 해 나갔어요.

*태조: 한 왕조를 세운 첫 번째 임금이 죽은 후 붙여진 이름이에요.

마침내 이성계는 새 나라 조선의 *태조 임금이 되었어요.

단군이 세운 고조선의 전통을 잇는다는 뜻에서 나라 이름을 조선이라 하였지요.

"태조는 신진 사대부와 함께 조선을 세우고 유교를 나라의 근본으로 삼았단다."

큰별쌤 이야기를 듣던 바다가 '띠릭' 만능시계로 유교를 검색했어요.

"유교는 중국 공자의 가르침에서 시작된 학문이야. 유교에서는 나라를 다스릴 때 왕이 백성을 사랑하는 마음으로 모범이 되어야 한다고 강조하지. 유학 대신 유교라고 부르는 것은 가르침을 강조하고 나라 전체의 질서를 마치 종교처럼 지배했기 때문이래."

태조는 고려의 수도였던 개경이 아닌 다른 곳을
조선의 수도로 정하고 싶었어요.

한양은 한강이 있어서 교통이 편리하고,
땅이 기름져 농農사짓기도 좋으며,
사방이 산으로 둘러싸여 적의 침입을 막기에 유리해
새 수도로 적합합니다.

스승인 무학 대사의 말을 들은 태조가 무릎을 탁 쳤어요.
"한양을 조선의 수도로 정하겠소."

農 농사 농: 농사의 '농'은 '농사, 농부(農)'라는 뜻이에요. '농사'는 곡식이나 과일의 씨 등을 심어 기르고 거두는 것을 말해요.

"정도전 대감이 새 궁을 비롯해 새 도읍 건설을 맡아주었으면 하오."

기둥 뒤에 숨어 이 모습을 지켜보던 번개도둑이 중얼거렸어요.

"새로운 궁궐을 짓는다고?

 내가 나설 차례군. 엉망으로 만들 테야."

새 수도 한양 설계의 총 책임을 맡은 정도전은 신하들과 함께 궁궐, 도로, 시장 등 각종 공사를 시작했어요.

얼마 후, 새 궁궐이 완성되어 모두가 한 자리에 모였어요.

"정도전 대감, 궁궐의 이름을 지어 우리 왕조가 오래도록 빛나게 해주시오."

태조의 명령에 정도전은 궁궐의 이름을 지어 올렸어요.

"조선이 오래도록 큰 복을 누리라는 뜻을 담아 경복궁이라 하면 어떻겠습니까?"

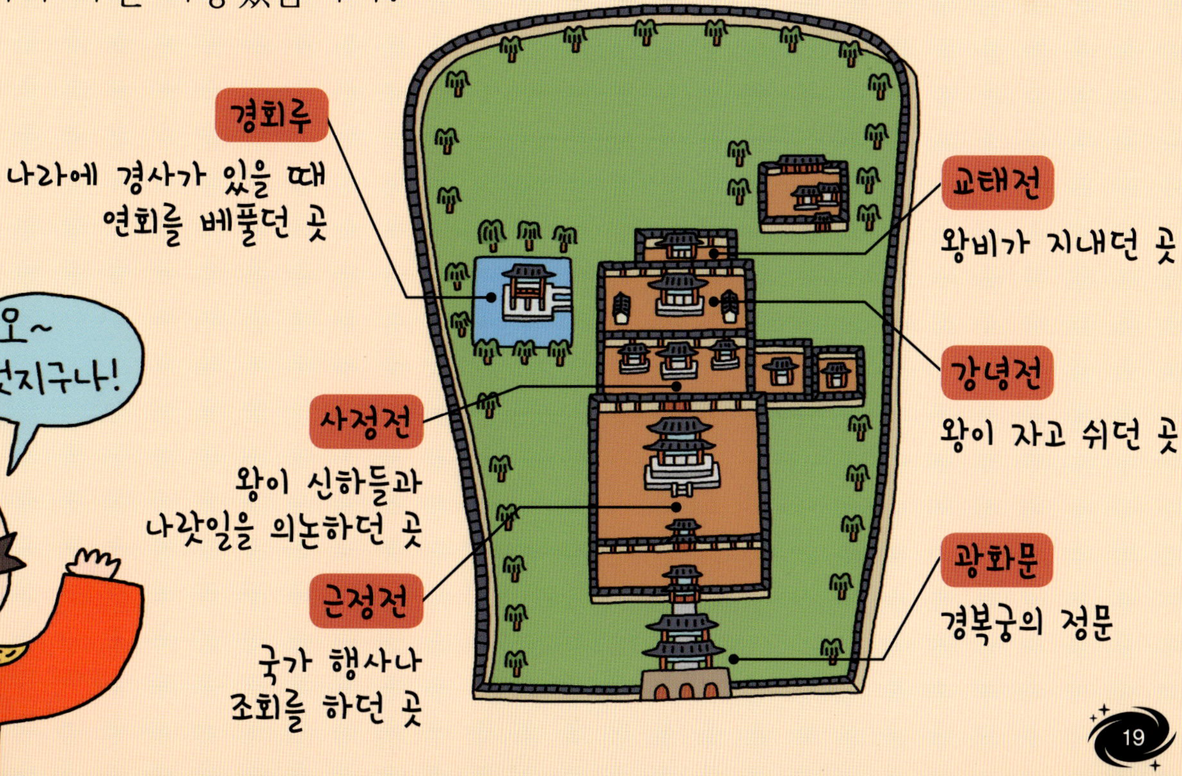

오~ 멋지구나!

경회루 - 나라에 경사가 있을 때 연회를 베풀던 곳

교태전 - 왕비가 지내던 곳

강녕전 - 왕이 자고 쉬던 곳

사정전 - 왕이 신하들과 나랏일을 의논하던 곳

근정전 - 국가 행사나 조회를 하던 곳

광화문 - 경복궁의 정문

정도전은 유교의 가르침에 따라 건물들의 위치와 이름을 정하였어요.

경복궁의 오른쪽에는 왕의 조상들을 모신 종묘를 두고, 왼쪽에는 땅과 곡식의 신에게 제사를 지낼 사직단을 지었지요.

한양을 둘러싼 산을 따라 *성곽을 쌓고 사이사이에 4개씩 큰 문과 작은 문도 만들었어요.

유교의 가르침에 따라 동쪽은 흥인지문, 서쪽은 돈의문, 남쪽은 숭례문, 북쪽은 숙정문이라 하였지요.

*성곽: 적을 막기 위하여 높이 쌓아 만든 담이에요.

한국사 수호대가 경회루 연못가를 지날 때였어요.

핑이가 **킁킁**거리더니 **왈왈** 짖으며 어딘가로 달려갔어요.

그곳에는 두루마리를 차지하려고 두 사람이 실랑이를 벌이고 있었어요.

두루마리를 빼앗긴 신하는 겁에 잔뜩 질려 울먹였어요.

"고구려 천문도 *탁본을 빼앗기다니…

강녕전에 계신 전하께 꼭 가져다 드려야 하는데."

*탁본 : 비석, 기와 등에 새겨진 글씨나 무늬를 종이에 그대로 떠낸 것이에요.

"변장한 번개도둑이 두루마리를 빼앗은 것 같아요."

"경복궁을 빠져나가려면 틀림없이 경복궁의 정문인 광화문으로 도망갔을 거야."

바다가 만능시계의 버튼을 누르자 경복궁 비밀 지도가 펼쳐졌어요.

번개도둑보다 한발 앞서 광화문에 도착한 한국사 수호대는 번개도둑이 나타나기만을 기다렸어요.

 "전하, 고구려 천문도가

나타났습니다."

 "별자리 지도는 나라를 다스리라는 하늘의 명을 받았다는 징표다.

돌에 새겨 소중히 간직하라!"

태조가 신하들에게 힘주어 말했어요.

고구려 천문도를 빼앗긴 번개도둑이 화가 나 씩씩대며 소리쳤어요.

"내가 포기할 줄 알고? 세종 대왕을 만나러 갈 거야!"

✨얄라방방 얄라봉봉 잠긴 시간의 문아, 번개의 힘으로 열려라 번쩍번쩍!✨

"시간의 문이 닫히기 전에 우리도 어서 출발하자꾸나!"

한국사 수호대는 다급히 달려가 시간의 문 속으로 '풍덩' 들어갔어요.

백성을 사랑한 지혜로운 왕, 세종 대왕

*집현전: 학문을 연구하기 위해 설치한 기관이에요.

한국사 수호대는 *집현전 안으로 떨어졌어요. 그곳에는 밤 세워 책을 읽던 집현전 학자가 엎드려 잠을 자고 있었어요.

그 모습을 본 세종 대왕은 조용히 자신의 옷을 벗어 주었지요.

"허허. 밤새 연구하느라 피곤했던 모양이군."

에취! 방 안에 갑자기 재채기 소리가 퍼졌어요.

"이 늦은 시간까지 책을 읽는 자가 또 있나 보구나. 누구더냐? 어서 나와 보거라."

"강아지 털이 콧속으로 들어가는 바람에 그만…."

놀란 토끼눈을 한 강산이가 모습을 드러내자 세종 대왕은 인자한 미소를 지으며 강산이의 콧물을 닦아 주었어요.

"강아지를 찾으러 이곳에 들어 왔나 보구나.

내 눈감아줄 테니 얼른 집으로 돌아가거라."

세종 대왕이 집현전 밖으로 나가자 책상 밑에서 웅크리고 있던 바다가 기어 나오며 물었어요.

"저분이 한글을 만든 위대한 세종 대왕님이시죠?

"번개도둑이 한글을 만들지 못하도록 *훼방을 놓을 테니

우리가 세종 대왕님을 도와드리자."

*훼방 : 남을 헐뜯어서 말하는 것을 의미해요.

다음날 궁에서는 세종 대왕과 신하들 간에 큰 소리가 오고 갔어요.

"중국의 한자가 있는데 굳이 새로운 글자를 만들 이유가 없습니다."

"글자를 새로 만들더라도 아무도 쓰지 않을 것입니다."

구슬을 문지르며 *예언가로 변장한 번개도둑이 말했어요.

"미래에는 세종 대왕님이 만든 글자를 자랑스러워하며 모두가 사용하게 될 거예요!"

*예언: 앞으로 다가올 일을 미리 알거나 짐작해 말하는 것을 뜻해요.

거짓말을 하는 번개도둑을 본 강산이가 더는 참을 수 없었는지 말을 보탰어요.

"그대의 말을 믿어보겠다. 그런데 아직도 집에 가지 않은 게냐?"

*훈민정음: 백성을 가르치는(훈민) 바른 소리(정음)라는 뜻의 우리나라 글자예요.

*반포: 세상에 널리 퍼뜨려 모두 알도록 하는 것이에요.

얼마 후 세종 대왕은 모두가 모인 곳에서 *훈민정음을 *반포하였어요.

"마침내 28글자가 완성되었다.

이것을 '훈민정음'이라 부르고 앞으로 우리의 글자를 쓸 것이다."

"다행이야. 하마터면 우리글을 갖지 못할 뻔했어."

바다가 용기를 낸 강산이에게 엄지를 치켜세우며

안도의 한숨을 내쉬었어요.

"세종 대왕님은 훈민정음을 만들었을 뿐만 아니라

농업과 과학 기술을 발전시켜 민족 문화를 꽃피운 왕이란다."

큰별쌤은 만 원권 지폐를 흔들며 세종 대왕의 이야기를 이어 나갔어요.

발명을 위해 태어난 천재 과학자, 장영실

*장영실: 노비 출신이었으나 재주가 뛰어났어요. 세종 대왕의 눈에 띄어 궁궐에서 기술자로 일하면서 많은 발명품을 만들었지요.

혼천의

오~ 이것으로 하늘을 제대로 관찰할 수 있게 되었구료.

세종 대왕은 정확한 날짜를 알기 위해 별자리를 관찰할 수 있는 도구를 만들게 했어.

이 일은 천재 과학자 장영실이 맡았지.

혼천은 우주를 뜻하고, 의는 천문 기구를 일컬을 때 쓰는 말이야.

혼천의는 해와 달, 별의 움직임과 위치를 관찰하는 기구란다.

자격루

물이 흐르는 것을 이용해 스스로 종을 쳐서 시각을 알려주는 물시 時 계야.

해가 지거나 흐린 날에는 해시계로 시간을 잴 수 없었어.

물을 이용한 시계인 자격루가 발명되어 밤에도 정확한 시간을 알 수 있게 되었지.

時 때 시: 시계의 '시'는 '때(時)'라는 뜻이에요. '시계'는 시간을 재거나 시각을 나타내는 기계나 장치를 의미해요.

간의

간의는 혼천의의 구조를 간소하게 해서 관측하기 편하도록 만든 기구야.

앙부일구

앙부는 하늘을 우러러보는 모양의 가마솥, 일구는 해의 그림자로, 앙부일구는 해시계를 뜻해. 세종은 도성 한복판에 앙부일구를 두어 모든 백성이 오가면서 시간을 알 수 있도록 하였어. 백성을 아끼는 세종의 마음을 알 수 있지.

머리에 앙부일구를 뒤집어 쓴 번개도둑이 갑자기 멈춰서서 중얼거렸어요.

"흠, 대단한걸~ 도저히 양심에 찔려 훔치지 못하겠군."

번개도둑은 뛰어난 발명품이라 탐이 났지만 조선의 백성들에게 도움이 되는 보물을 훔치려니 왠지 모르게 마음이 무거웠어요.

"그래! 결심했어. 처음으로 훔치는 걸 포기하겠어. 대신 다른 일을 방해해야지."

번개도둑의 입가에 살며시 미소가 떠올랐어요.

번개도둑을 쫓아온 한국사 수호대 앞에 믿을 수 없는 일이 벌어졌어요.

장영실이 임금이 탈 가마를 직접 설계하고 만드는 과정을 감독했는데, 세종 대왕이 가마에 올라타고 얼마 움직이지 않아 부서져 버린 거예요.

잔뜩 화가 난 신하가 장영실에게 소리쳤어요.

"왕의 가마가 부서졌으니, 만든 사람이 책임져야지. 벌 받을 각오하라!"

강산이는 장영실이 만든 가마가 부서진 일을 믿을 수 없었어요.

정교하고 복잡한 기계를 수도 없이 만들어왔기 때문이죠.

장영실은 임금의 몸에 해를 끼친 죄로 곤장 80대를 맞고 벼슬자리에서 쫓겨나게 되었어요.

한국사 수호대는 조선의 과학 기술이 발달하는 데 큰 기여를 한
천재 과학자 장영실의 쓸쓸한 퇴장에 마음이 무거웠어요.
"메롱! 한국사를 지켜내는 실력力이 형편없는걸~
따라올 테면 따라와 봐."
번개도둑이 떠난 자리에 5만 원권, 5천 원권 지紙폐 두 장이 놓여 있었어요.
"번개도둑이 내민 도전장, 받아주겠어! 기필코 잡을 테야."
큰별쌤이 지폐에 주문을 걸며 외쳤어요.
"하하! 좋아~ 강릉 오죽헌으로 간다!"

力 힘 력 : 실력의 '력'은 '힘(力)'이라는 뜻이에요.
　　　　실력은 실제 갖추고 있는 힘, 능력을 의미해요.

紙 종이 지 : 지폐의 '지'는 '종이(紙)'라는 뜻이에요.
　　　　지폐는 종이에 인쇄하여 만든 화폐예요.

올바른 세상을 꿈꾼 *성리학자, 이이

*성리학: 중국 송나라 사람인 주자가 정리한 학문으로 우주와 세상이 만들어지고 발전하는 원리를 깊이 연구한 유교의 한 갈래예요.

한국사 수호대는 신사임당이 있는 강릉 오죽헌으로 왔어요.

풀과 벌레, 꽃을 그리던 신사임당이 잠깐 방으로 들어간 사이 수탉 한 마리가 그림을 마구 쪼아댔어요.

놀란 강산이가 소리쳤어요.

"저리 가, **훠이**≈ 혹시 번개도둑이 수탉으로 변장한 걸까요?"

큰별쌤이 껄껄 웃으며 말했어요.

"신사임당의 그림이 얼마나 뛰어난 지 닭이 그림 속의 벌레를 진짜 벌레인 줄 알고 쪼아 먹으려 했던 거란다."

"신사임당은 조선 최고의 화가군요!"

신사임당의 *초충도는 무엇일까?

신사임당은 대나무, 매화, 포도, 풀, 벌레 등 다양한 소재로 그림을 그린 화가예요.
아래 그림 중에 신사임당이 그리지 않은 그림이 섞여 있어요. 어느 것인지 찾아볼까요?

*초충도: 풀과 벌레를 소재로 그린 그림이에요.

1

2

3

4

5

6

© 국립중앙박물관

어느 날 신사임당은 용이 집에 들어와 아기를 주고 가는 꿈을 꾸었어요.

얼마 후 오죽헌에서 사내아이가 태어났어요.

"신사임당이 낳은 저 아이가 이이인가요?"

"응, 율곡 이이는 세 살 때 이미 글을 깨우쳐
'신동' 소리를 들었을 만큼 *영특한 인물이었단다."

이이의 탄생에 반가운 큰별쌤, 강산이와 달리

바다는 번개도둑을 기다리다 지쳤는지 졸고 있었어요.

"냐흠 냐흠… 잠이 온다."

*영특하다: 남달리 뛰어나고 훌륭하다는 뜻이에요.

큰★별쌤 이야기

이이와 이황은 조선을 대표하는 성리학자야.
많은 나이 차이에도 불구하고 두 사람은 꾸준히 편지를 주고받으며 성리학에 대한 의견을 나눴지.

어느덧 당당한 선비로 자란 이이가 23세가 되었어.
이이는 도산에 들러 당시 58세였던 이황을 만났지.
이황은 성리학을 깊게 공부하면서 후배들을 가르치고 있었어.
두 사람은 편지를 주고받으며 학學문問에 대한 의견을 나누었어.

> 學 배울 학 問 물을 문 : 학문은 어떤 분야를 체계적으로 배워서 익힌 지식이에요.

12년간 120여 통의 편지를 주고받았다고 전해진단다.
이후 이이는 과거 시험을 준비해 아홉 번이나 *장원으로 *급제했어.
아홉 번 장원한 분이라 하여 '구도장원공'이라 불리기도 했단다.

*장원 : 과거 시험에서 첫째로 합격한 것을 이르는 말이에요.
*급제 : 시험에서 합격하다라는 뜻이에요.

어느 날 이이가 정성스레 쓴 편지를 하인에게 건네주며 말했어요.

"이황 선생님과 나는 비록 나이 차이는 많이 나지만 대화가 잘 통하는 사이야. 꼭 이 편지를 이황 선생님에게 전해다오."

"제가 잘 전달하겠습니다. 걱정하지 마세요."

하인으로 변장한 번개도둑이 히죽 웃었어요.

"이렇게 많은 사람이 성리학을 공부한단 말이지? 어떻게 골탕 먹일까…."

번개도둑은 가져온 편지를 들고 잠시 고민에 빠졌어요.

한국사 수호대는 번개도둑이 숨긴 편지를 모두 찾아 이황에게 전해주었어요.

어둠이 내려앉은 풀숲에는 풀벌레 소리만 들리고, 밤하늘에는 노란 별빛만 환하게 비추고 있었어요.

바로 그때 밤하늘의 별이 **슈우웅** ≈ 땅으로 떨어졌어요.

"새로운 마법의 주문이 성공했나 봐요."

큰별쌤은 물개 박수로 환호하던 바다와 강산이의 손을 잡아 별 위로 끌어 올렸어요.

"우린 부산으로 간다!

조선에 큰 위기가 닥칠 거야.

일본이 쳐들어오거든!"

조선에 닥친 위기, 임진왜란

*관군: 군대에 속해 있는 군인을 말해요.

땅! 타당탕! 일본군이 조총을 쏘면서 쳐들어왔어요.

나라를 지키기 위해 조선의 *관군과 백성들은 온힘을 다해 싸웠지만 일본군에게 *부산진과 동래성을 빼앗기고 말았어요.

일본군이 거침없이 한양으로 밀고 올라오자 선조 임금과 신하들은 북쪽으로 *피란을 떠나기로 했지요.

*부산진과 동래성: 오늘날의 부산 지역이에요.

*피란: 전쟁을 피해 가는 길 또는 전쟁을 피해 안전한 곳으로 옮겨 간다는 뜻이에요.

"왕과 관리들은 일본군을 피해 벌써 도망갔다네!
 우리도 피해야 하는 거 아니야?"
백성들은 몹시 두려웠지만 포기하지 않았어요.
"전국 곳곳에서 *의병과 *승병이 힘을 보태고 있고,
 이순신 장군이 이끄는 *수군 역시 바다에서
 연달아 일본군을 무찌르고 있다고 합니다."
 수많은 백성들은 무기를 들고나와 목숨을 걸고 싸웠어요.
큰별쌤도 용기를 내어 백성과 함께 나라를 지키기로 했어요.
"내 나라, 내 고장을 위해 우리 모두 힘을 보탭시다!"
그 소리를 들은 번개도둑의 입꼬리가 씰룩 거렸어요.

*의병: 백성이 만든 군대예요.
*승병: 승려들이 만든 군대예요.
*수군: 바다에서 나라를 지킨 군대예요.

한편 이순신 장군은 신하들과 머리를 맞대고 일본군을 무찌르기 위한 작전을 세우고 있었어요.

"녹슨 무기도 날카롭게 만들었고, 거북선도 거의 다 만들어졌습니다."

"적군이 올라서지 못하도록 거북선의 덮개에 뾰족한 쇠못들도 박아 놓겠습니다."

"학익진 *전법을 쓸 생각이다. 일본군 함대를 유인해 학의 날개로 감싸듯 적을 둘러싸 화포를 집중적으로 쏘는 거지. 우리는 한산도에서 반드시 승리할 것이다!"

번개도둑은 몰래 엿들은 이순신의 전략을 일본군에게 귀띔해주기로 마음먹었어요.

*전법: 전쟁이나 경기에서 상대와 싸우는 방법을 이르는 말이에요.

큰★별쌤 이야기

*임진왜란 때 조선은 바다와 육지에서 여러 차례 승리했어.
온 백성이 나라를 지키기 위해 힘을 합쳤지.
지금부터 승리의 비결을 알아볼까?

*임진왜란 : 임진년인 1592년에 왜국(일본)이 일으킨 난이라는 뜻으로, 일본이 조선을 침입한 전쟁이에요.

비결 1 ★ 뛰어난 군함을 만든 지혜

조선 수군의 판옥선은 배의 바닥이 평평하고

윗부분에 판옥(옥상)을 만든 것이 특징이야.

거북선은 이 판옥선을 기본으로 하고, 그 위에 튼튼한 덮개를 씌워 만들었어.

전체 모양은 거북 같고 머리는 용 모양이야.

용머리와 배의 앞뒤, 양옆에 화포를 쏘는 구멍이 있지.

거북선은 적을 공격할 때 가장 앞에서 돌격선으로 사용됐단다.

〈일본의 배〉 〈판옥선〉

일본군의 배는 바닥이 좁고 날렵해 빠른 속력을 낼 수 있었지만

방향을 바꾸는 데는 불리했어.

반면 조선의 판옥선은 바닥이 평평하여 방향을 바꾸는 데 유리했단다.

그래서 일본군이 한산도 대첩 때 뱃머리를 빨리 돌려 도망칠 수 없었던 거야.

비결 2 포기하지 않는 용기

이순신 장군은 단 13척의 배로
130여 척의 일본군을 물리쳤어.
불리한 군사력을 극복하기 위해
바다의 지형을 이용한 전술을 폈어.
폭이 좁고 물살이 빠른 명량 해協협의
특성을 이용해 승리를 거두었지.

> 海 바다 해: '해협'의 '해'는 '바다(海)'라는 뜻이에요. 해협은 육지 사이에 끼어 있는 좁고 긴 바다예요.

이순신 장군은 노량 해전에서
일본군의 총에 맞았어.
그때 "싸움이 급하니 내가 죽었다고
말하지 말라."는 마지막 말을 남겼지.
총에 맞은 그 순간에도 나라를 걱정하는
마음뿐이었던 거야.

행주산성을 지키던 권율 장군은
성벽을 정비하는 등 일본군의 공격에
철저하게 대비하였어.
그리고 성안의 백성과 힘을 합쳐
일본군을 크게 무찔렀지.

"으악' 난 바보인가 봐! 헷갈릴 게 따로 있지.

학익진 전법을 일본군에게 잘못 알려주다니."

배의 한쪽 구석에서 일본군 투구를 쓴 번개도둑이 소리를 질렀어요.

"그러게 *심보를 곱게 써야지!"

> *심보: 마음을 쓰는 속 바탕이라는 뜻이에요.

강산이가 번개도둑의 귀를 힘껏 잡아당겼어요.

"아얏! 아프잖아!"

번개도둑이 귀가 아픈지 팔짝팔짝 뛰자,

그 모습을 보던 큰별쌤이 번개도둑에게 소리쳤어요.

"번개도둑, 귀가 아픈 걸로 펄펄 뛰는 거야?

7년이나 전쟁을 겪어야만 했던 조선의 백성들은

너보다 더 아프고 힘들었다고. 당장 못된 짓 그만둬!"

도망치던 번개도둑이 멈춰서더니 주위를 **스윽**≈ 둘러보았어요.

*폐허가 된 땅, 불에 타 버린 집, 가족을 잃고 울고 있는 백성의 모습이 보였어요.

> *폐허: 건물이나 성, 토지가 파괴되고 거칠어져 못쓰게 된 터를 이르는 말이에요.

"전쟁은 끝이 났지만, 너무 많은 걸 잃어버렸네요."

바다의 울적한 기분을 모르는 건지 강산이는 탐정수첩에 번개도둑의 몽타주를 그리며 중얼거렸어요.

"번개도둑 귀에 하트모양 귀걸이가 달랑달랑 거리고 있었어."

"전쟁을 치른 지 얼마 되지 않은 조선에 또다시 위기가 찾아 올거야."

심각한 표정을 하고 있던 큰별쌤이 말했어요.

"또 다른 위기요?"

놀란 강산이와 바다가 큰별쌤에게 물었어요.

"나 먼저 갈게! 날 따라오려면 퀴즈를 다 맞춰야 할걸?"

한국사 수호대를 바라보던 번개도둑이

의미심장한 미소를 지으며 시간의 문으로 사라졌어요.

너랑 나랑 우리랑 스탬프 투어!

한국사 수호대는 조선의 역사를 다시 배울 수 있는 스탬프 투어를 떠났어요. 차례로 퀴즈를 풀어 정답인 보물 카드를 찾아 카드판에 올리고, 8개의 스탬프를 획득하면 마지막 선물을 받을 수 있어요.

카드판

정답인 보물 카드를 찾아 올려주세요.

고려 말 우왕의 명령에 요동으로 떠났다가 위화도에서 군사를 돌린 인물은?

한국사 수호대는 모든 퀴즈를 풀고
마지막 스탬프까지 획득하여
또 하나의 방패를 선물로 받았어요.
바로 그때 큰별쌤이 자리에서
벌떡 일어서더니 말했어요.

"명나라를 잠시 잊고 있었어.
임진왜란 때 명나라가 조선을 도와 주잖아?
명나라가 후금에 위협을 받게 되자
조선에 군대를 보내달라고 요청하거든."

"조선이 군대를 보내주나요?"

"자세한 이야기는 다음 시간 여행에서 들려줄게.
아참! 잊지 말고 방패도 모두 챙겨야 해.
다시 조선을 지키러 가자!"

〈못말리는 한국사 수호대〉의 여덟 번째 시간 여행을 기대해 주세요.
아참, 보물 카드는 버리지 말고 간직해 주세요.
언젠가 꼭 필요한 순간이 올지도 모르니까요.

카드판

정답인 보물 카드를 찾아 올려주세요.

앙부일구

자격루와 혼천의 등을 발명한 세종 때의 천재 과학자는?

카드판

정답인 보물 카드를 찾아 올려주세요.

도산

35살의 나이 차에도 서로 편지를 주고받으며 학문에 대한 의견을 나누었던 조선의 성리학자는?

카드판

정답인 보물 카드를 찾아 올려주세요.

경복궁

조선이 오래도록 큰 복을 누리라는 뜻을 가진 경복궁의 이름을 지은 인물은?

카드판

정답인 보물 카드를 찾아 올려주세요.

집현전

백성을 가르치는 바른 소리라는 뜻의 훈민정음을 창제한 왕은?

정답

번개도둑 몽타주 ✏ 10쪽

이성계 ✏ 23~24쪽

서민의 삶을 그린 조선 후기 화가 김홍도의 "씨름도"입니다.

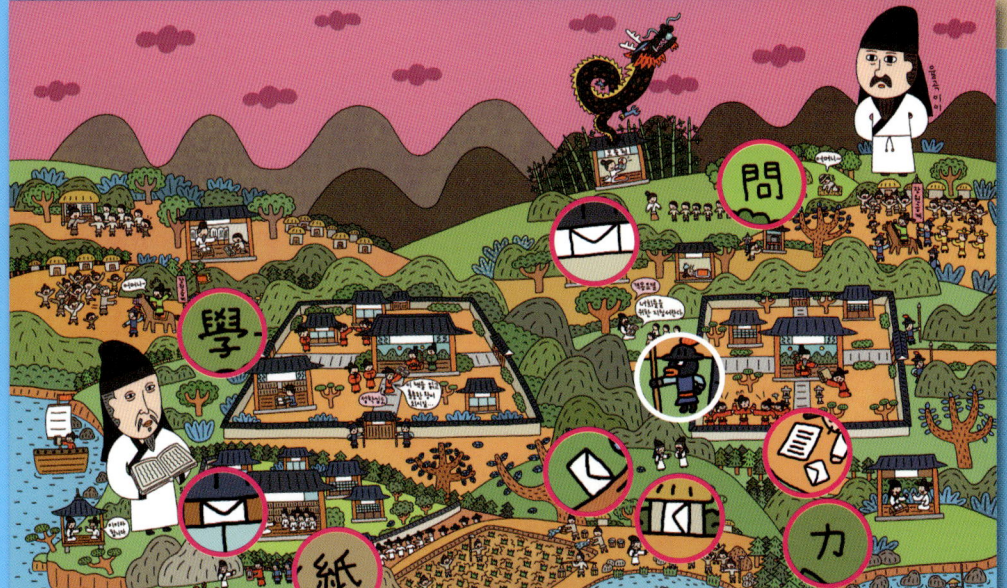

초판 8쇄 발행 2024년 7월 5일
초판 1쇄 발행 2020년 1월 10일

글 | 최태성, 윤소연
그림 | 신동민
감수 | 모두의 별별 한국사 연구소
발행인 | 손은진
개발 책임 | 김문주
개발 | 김숙영, 서은영, 민고은
제작 | 이성재, 장병미
디자인 | 한은영, 오은애
마케팅 | 엄재욱, 조경은

발행처 | 메가스터디㈜
출판사 신고 번호 | 제2015-000159호
주소 | 서울시 서초구 효령로 304 국제전자센터 24층
전화 | 1661-5431
홈페이지 | http://www.megastudybooks.com
출간제안/원고투고 | 메가스터디북스 홈페이지 <투고 문의>에 등록

이 책은 메가스터디㈜의 저작권자와의 계약에 따라 발행한 것이므로
무단 전재와 무단 복제를 금지하며, 이 책 내용의 전부 또는 일부를 이용하려면
반드시 저작권자와 메가스터디㈜의 서면 동의를 받아야 합니다.
잘못된 책은 구입하신 곳에서 바꾸어 드립니다.

메가스터디BOOKS
'메가스터디북스'는 메가스터디㈜의 출판 전문 브랜드입니다.
유아/초등 학습서, 중고등 수능/내신 참고서는 물론,
지식, 교양, 인문 분야에서 다양한 도서를 출간하고 있습니다.

- 제품명 못말리는 한국사 수호대 7권
- 제조자명 메가스터디㈜ • 제조년월 판권에 별도 표기 • 제조국명 대한민국 • 사용연령 3세 이상
- 주소 및 전화번호 서울시 서초구 효령로 304(서초동) 국제전자센터 24층 / 1661-5431